W0340347

Dans l'ombre d'une star de téléréalité

Thivenin Logan

Dans l'ombre d'une star de téléréalité

introduction:

Je m'appelle Logan Thivenin, et il est probable que ce nom vous soit familier. C'est grâce à ma sœur qui est devenue connu. En effet, il y a environ 10 ans, ma sœur a connu un succès fulgurant dans tout le pays. À l'époque, j'étais seulement âgé de 19 ans et je me souviens encore très bien de ce moment. Je suis très fier de ma sœur et de tout ce qu'elle a accompli.

Depuis, le temps a filé à toute vitesse et je m'apprête à fêter mes 30 ans au moment où j'écris ces lignes. Cela me semble incroyable, mais je suis également très excité à l'idée de commencer cette nouvelle décennie. Cela me donne l'occasion de réfléchir à tout ce que j'ai vécu jusqu'à présent et à tous les projets que j'aimerais réaliser dans le futur. Bien que le temps passe vite, je suis convaincu que chaque instant compte et qu'il est important de profiter pleinement de la vie.

Dans ce livre, je vais partager avec vous l'histoire de ma vie, depuis mon enfance jusqu'à aujourd'hui. En tant que frère d'une star de télé-réalité, j'ai vécu des moments difficiles ainsi que des moments incroyables. J'ai également été confronté aux impacts de sa célébrité sur ma vie personnelle et professionnelle.
Tout au long de ce livre, je vais vous parler de ces expériences et de ce que j'ai appris de ces défis. Vous découvrirez aussi comment j'ai navigué dans l'ombre de ma sœur célèbre et comment j'ai réussi à rester fidèle à moi-même.

Il peut être extrêmement difficile de vivre dans l'ombre d'une célébrité, surtout lorsque l'on est en train de construire sa propre vie.
J'aimerais partager avec vous mon histoire personnelle, qui est à la fois sincère et authentique. Je vais vous raconter comment j'ai appris à m'épanouir malgré les défis que j'ai dû surmonter et comment j'ai réussi à trouver ma propre voie dans la vie.

j'aimerais évoquer la pression supplémentaire qui vient avec le fait d'être lié à une célébrité. Cette pression peut être écrasante, surtout en ce qui concerne la vie privée et les attentes des médias et des fans. Néanmoins, j'ai réussi à naviguer dans cet environnement et à protéger ma vie privée tout en étant fier de ma sœur et de son succès. Je crois que c'est important de souligner que je suis également à l'origine de mes propres réussites, et que je suis fier de tout ce que j'ai accompli jusqu'à présent. J'ai hâte de partager cette expérience avec vous et d'entendre vos réflexions à ce sujet.

sommaire:

chapitre 1 :
Ma famille

Mon père, Christian, a rencontré ma mère, Colette, alors qu'il travaillait en déplacement à Paris, il avait 29 ans alors que ma mère en avait 22.
Aujourd'hui, mon père à 70 ans et ma mère à 63 ans. Ils sont ensemble depuis 40 ans, dont 36 ans de mariage. Leur histoire est un bel exemple de couples d'avant qui restent soudés quoi qu'il arrive. Je suis admiratif de leur amour et de leur engagement. Ils ont traversé de nombreuses épreuves ensemble, mais ont toujours su rester solidaires l'un envers l'autre. Leur histoire d'amour est une preuve que l'amour véritable peut durer toute une vie. Ils sont une source d'inspiration pour moi et pour beaucoup d'autres, et je leur souhaite encore de nombreuses années de bonheur et d'amour ensemble.

J'ai la chance inestimable d'avoir mes deux parents toujours ensemble, une situation qui est de plus en plus rare de nos jours. Cela me remplit de gratitude et de joie de savoir que mes parents restent ensemble malgré les nombreux défis de la vie. Je suis également conscient que de nombreuses familles se séparent, parfois pour des raisons inévitables, et que cela peut être très difficile pour les enfants.

Les enfants peuvent éprouver des sentiments de confusion, de tristesse et de colère lorsqu'ils voient leurs parents se séparer, et cela peut avoir un impact négatif sur leur développement émotionnel et mental. Il est important que les parents travaillent ensemble pour aider leurs enfants à comprendre la situation et à s'adapter aux changements de leur vie familiale.
En fin de compte, je suis reconnaissant pour la stabilité et l'amour que mes parents ont apportés à ma vie, et j'espère que tous les enfants, quelle que soit leur situation familiale, peuvent trouver un soutien et une affection similaires dans leur vie quotidienne.

Je ne peux pas imaginer à quel point cela doit être difficile de vivre avec un seul parent, ou avec des parents qui se disputent constamment. Mes parents sont une grande source de soutien et d'amour pour moi, et je sais que je peux toujours compter sur eux, peu importe la situation.
Je suis reconnaissant pour leur relation solide et pour tout ce qu'ils ont fait pour moi tout au long de ma vie.

Je crois que leur amour et leur engagement l'un envers l'autre ont été une grande influence sur ma propre vision de l'amour et des relations.

Mon père était toujours en déplacement pour son travail à travers toute la France, et ma mère l'accompagnait dans leur caravane. Les voyages étaient longs et difficiles, mais ils étaient heureux de découvrir de nouvelles régions de leur pays ensemble.

En 1987, ma mère a accouché de Steven. Nous n'avons malheureusement pas eu la chance de le connaitre, car il a été victime d'un tragique accident. Mais même s'il n'est plus avec nous, je suis convaincu qu'il veille sur nous depuis le ciel.

Deux ans plus tard, ma mère a donné naissance à notre grande sœur, Jessica. Elle est devenue la joie de nos parents et a apporté beaucoup de bonheur à mes parent. À cette époque, personne ne pouvait imaginer que Jessica deviendrait célèbre dans toute la France.

En 1993, je suis né. Je n'avais pas l'air décidé à sortir, j'étais en position "siège", ce qui signifie que je n'étais pas dans la bonne position pour sortir. Je me suis retourné au dernier moment et, en prime, j'avais le cordon ombilical autour du cou, autant vous dire que j'ai failli y rester.

En 1999, ma mère a donné naissance à notre petit frère, Bradley. C'était une période de grande joie pour notre famille, car nous avions un nouveau membre à aimer et à chérir.

J'ai également deux autres membres de la famille du côté de mon père issus de son premier mariage, mon frère David et ma sœur Christine. Mon frère David a toujours été très proche de moi depuis mon enfance. Il m'emmenait souvent pêcher et j'adorais ça, même si j'étais un peu maladroit avec les leurres que j'accrochais au fond de l'eau et les lancers qui finissaient souvent dans les arbres. Il était très patient et gentil avec moi. Je me souviens que c'était un grand enfant qui aimait acheter des jouets comme des hélicoptères radiocommandés, pour mon plus grand bonheur.
En revanche, ma sœur Christine a eu des différends avec mon père quand j'étais petit, donc je n'ai aucun souvenir d'elle. Bien qu'ils n'aient pas vécu sous le même toit que nous, j'ai toujours maintenu le contact

avec mon frère David. Il a même fini par me rejoindre dans la société dans laquelle mon père m'a fait entrer quelque années plus tard, nous avons donc passé encore plus de temps ensemble par la suite.

Notre famille était prise en charge par notre mère en priorité, qui était une mère au foyer dévouée. Elle consacrait tout son temps à s'assurer que nous avions tout ce dont nous avions besoin et à nous offrir une vie stable et heureuse. En plus de gérer les tâches quotidiennes telles que la cuisine, le ménage, les courses et les soins aux enfants, elle nous apportait également des conseils et un soutien inestimable dans nos études et nos activités extrascolaires.

Elle nous a encouragés à poursuivre nos passions et à explorer de nouveaux horizons, tout en nous inculquant des valeurs importantes telles que la responsabilité, la persévérance et le respect. Sa présence aimante et son dévouement sans faille ont créé un foyer chaleureux et aimant. Grâce à son dévouement et à sa persévérance, elle a réussi à nous donner une bonne éducation, nous enseignant les valeurs importantes de la vie et nous préparant à devenir des adultes responsables et respectueux.

En somme, ma mère est une personne vraiment exceptionnelle qui a marqué profondément nos vies, et nous sommes fiers de l'avoir à nos côtés.

Mon père était moins présent car il travaillait en déplacement toute la semaine et ne rentrait à la maison que les week-ends. Parfois, il ne rentrait même pas le week-end car il travaillait très loin et le voyage en voiture était long et fatiguant, ce qui pouvait devenir dangereux. Cela devait être difficile pour lui de ne pas voir grandir sa famille, mais il a fait ce choix pour que nous ne manquions de rien.

Lorsqu'il rentrait les week-ends, il était souvent fatigué et pouvait être un peu grognon, il était donc préférable de se tenir à carreau. Néanmoins, c'est une personne très gentille, avec un grand coeur, qui sera toujours là pour nous aider.

chapitre 2 : mon enfance

Je suis né à Tarascon (13), dans le sud de la France, le 8 avril 1993. Mes Deux premières années de vie ont été passées en caravane, mais je n'ai malheureusement aucun souvenir de cette époque. Ma famille avait adopté ce mode de vie nomade car mon père travaillait en déplacement à travers toute la France. C'était un métier qu'il a exercé pendant plus de 40 ans avec une énergie et un courage incroyables. Ma mère l'accompagnait dans ses déplacements, ce qui facilitait leur vie de famille, même si elle était parfois difficile.

Mon père était fier de son métier (j'ai aussi commencé dans la vie active par ce métier que mon père m'a enseigné, mais je vous en parlerai un peu plus loin) Aujourd'hui, mon père est à la retraite, après avoir travaillé de manière acharnée pendant de nombreuses années. Mais il n'a pas pu s'empêcher de reprendre du service en intérim pour la même entreprise, pendant 4 ans, tant il aimait son travail. Je suis fier de mon père et de son parcours, et je suis reconnaissant pour tout ce qu'il m'a appris sur la vie et le travail.

Sinon, j'ai passé mon enfance jusqu'à mes 8 ans à Vallabrègues (30), petit village à la campagne à 8km de mon lieu de naissance. J'ai grandi dans un grand mas qui appartenait à ma grand-mère du côté de mon père. C'était une super maison avec un immense terrain et un grand hangar, des champs d'arbres fruitiers tout autour de la maison, c'est peut-être pour ça que j'adore les fruits ! Vraiment de quoi s'éclater, je passais mes journées à l'extérieur à jouer l'explorateur.

J'ai d'ailleurs une anecdote amusante à partager. Je ne m'en souviens pas vraiment, c'est ma mère qui me l'a racontée plus tard, une fois après une période de pluie, ma sœur et moi nous sommes empressés d'aller jouer dehors. Nous nous amusions dans les champs fruitiers dans la gadoue. Mais je me suis retrouvé coincé, mon pied ne pouvait plus sortir de la boue, vous savez, ça fait ventouse... J'ai commencé à paniquer et à m'enfoncer encore plus, jusqu'aux genoux ! C'est ma sœur qui a courue chercher ma mère pour me sortir de cette situation, malheureusement j'ai perdu une botte qui avait été engloutie par la boue.

Je me souviens d'un grand figuier sur le terrain avec des énormes branches qui étaient super faciles à escalader, on adorait jouer dessus avec ma sœur. C'était notre petit coin secret, où nous pouvions nous échapper du monde extérieur et imaginer toutes sortes d'aventures.

Dans mon enfance, nous avions eu plusieurs animaux de compagnie qui ont marqué ma vie. Tout d'abord, il y avait Junior, notre berger allemand adoré. Malgré le fait qu'il avait perdu une patte dans un accident, il était incroyablement rapide et agile. Je passais des heures à jouer avec lui et à me cacher dans sa cabane. En plus de Junior, nous avons également eu plusieurs chats qui ont contribué à mon amour pour les animaux. J'aimais passer du temps à les câliner et à jouer avec eux.
On a aussi eu des perruches de toute les couleurs. Les animaux étaient vraiment une grande partie de ma vie d'enfant et ils ont laissé une empreinte indélébile sur moi.

Je me souviens d'un moment en famille qui était très spécial pour nous. Chaque année, nous nous rassemblions tous, les cousins, les tantes, les oncles etc...

pour passer une journée ensemble autour d'un barbecue. Les adultes prenaient l'apéritif, les enfants jouaient à cache-cache, à la pétanque et à d'autres jeux amusants. Nous avons créé des souvenirs précieux et joyeux que je chéris encore aujourd'hui.
Nous étions tous remplis de joie et de bonne humeur lorsque nous nous retrouvions chaque année. C'était un moment très attendu dans notre famille. Nous partagions des histoires, des rires et des plaisanteries tout en profitant d'un bon repas. Cependant, il est dommage que cette tradition se soit peu à peu perdue avec le temps.

Concernant ma scolarité, je n'étais pas vraiment passionné. J'ai fait ma maternelle à Vallabrègues, à cette période je me cachais déjà sous le toboggan de la cour de récréation avec mon meilleur ami Jack, pour éviter d'aller en classe. Évidemment, on nous retrouvait rapidement.
Ensuite, j'ai fait le CP et CE1 à Mézoargues (13), un tout petit village collé à Vallabrègues. J'ai même redoublé le CP, oui, je sais, cela peut paraître surprenant. Bien que je n'aie pas aimé l'école, j'ai toujours aimé apprendre de nouvelles choses. Cependant, j'ai trouvé que l'enseignement traditionnel ne me convenait pas, car il

était trop théorique et pas assez pratique. J'avais besoin d'une approche plus interactive pour m'engager pleinement dans mon apprentissage.

Jack est une personne très importante pour moi. Pendant mon enfance, j'ai passé beaucoup de temps avec lui et ses parents. Nous avions l'habitude de partir camper à Beauduc, une plage sauvage, pendant des semaines. Nous dormions dans une caravane et passions nos journées à nous amuser, sans nous soucier de rien.

Nous vivions au gré du soleil, pêchions, ramassions les tellines et nous nous baignions. Je me souviens de nos soirées à la belle étoile, de nos discussions interminables et de nos rires qui résonnaient jusqu'au petit matin. Même si ces moments étaient simples, ils étaient tellement géniaux que nous savourions chaque instant de bonheur.

Ces souvenirs me rappellent l'importance de profiter des petites choses de la vie et de vivre l'instant présent. Comme le goût salé de l'air marin, la chaleur du soleil sur notre peau et le bruit des vagues qui s'écrasent sur le rivage. Ces vacances restent gravées dans ma mémoire comme des moments de pur bonheur et de simplicité.

Pendant mon enfance, j'ai exploré différentes activités. J'ai pratiqué le judo pendant un certain temps, ce qui m'a apporté de la discipline et de la confiance en moi. J'ai également pris des cours de guitare et de batterie avec ma sœur, ce qui m'a permis de découvrir ma passion pour la musique. J'ai trouvé la batterie plus intéressante et plus facile à jouer que la guitare.
Aujourd'hui, je ne pratique plus ces instruments de musique. Cependant, je reconnais que jouer de la guitare est une compétence que j'aimerais acquérir à l'avenir.

Lorsque j'avais 8 ans, mes parents ont pris la décision de déménager à Tarascon. C'était un nouveau départ pour notre famille et bien que je n'aie pas compris toutes les implications de cette décision à l'époque, je me souviens que j'étais très excité à l'idée d'avoir une nouvelle maison, une belle villa avec un jardin sur laquelle, plus tard, mon père allait construire une belle piscine de ses propres mains. Nous avons dû nous habituer à un nouvel environnement, à de nouvelles personnes et à un nouveau mode de vie.

Cela a demandé beaucoup d'ajustements, mais nous avons finalement trouvé notre place dans cette ville.

J'ai eu l'occasion de découvrir de nouveaux endroits et de me faire de nouveaux amis, ce qui a vraiment enrichi ma vie.

Je dois admettre que si j'avais la possibilité de revenir en arrière aujourd'hui, j'aurais préféré garder le mas de Vallabrègues avec son immense terrain. Bien que j'aime la ville pour ses commodités, j'ai toujours eu une préférence pour la campagne. Nous avons dû déménager à cause de la distance entre notre maison et l'école de Tarascon, ce qui posait un problème pour ma mère qui devait nous conduire à l'école tous les jours. De plus, le mas de Vallabrègues nécessitait de nombreuses réparations et travaux de rénovation, ce qui aurait causé des coûts élevés à mes parents.

Dans l'ensemble, je regrette de ne pas avoir pu rester dans notre maison de campagne, mais je suis reconnaissant d'avoir eu la chance de vivre dans un environnement plus pratique pour ma famille.

À l'époque, je ne me rendais pas compte de la chance que j'avais de vivre dans une grande maison. C'est plus tard que j'ai compris que c'était grâce aux sacrifices de mon père, que nous ne voyions pas souvent.

À Tarascon, j'ai commencé une nouvelle vie. J'ai été inscrit à l'école Jules Ferry pour mon CE2, CM1 et CM2, où j'ai eu l'occasion de rencontrer de nouvelles personnes et de me faire de nouveaux amis, dont mon deuxième meilleur ami Willy.

À cette période de ma vie, mes parents m'avaient offert un BMX de couleur bleu clair. Ce fut un moment important pour moi car cela m'a permis de vadrouiller partout avec mon ami Willy, qui était devenu comme un frère pour moi, et avec qui nous allions faire bien plus que les 400 coups. Si je devais tous les citer, il me faudrait écrire un livre entier !

Nous passions des journées entières à explorer les environs sur nos vélos, à tourner et à virer dans les rues et les chemins. C'était un moment incroyable de liberté et d'insouciance, tout en pratiquant une activité physique. Autant vous dire que nous avons parcouru des kilomètres ! Cela m'a également permis de découvrir de nouveaux endroits et de renforcer notre amitié. Aujourd'hui, je me souviens encore de ces moments passés à explorer les environs sur nos vélos.

chapitre 3 :
Mon adolescence

En 2005, une nouvelle étape de ma vie a commencé. C'était à la fois la fin de l'enfance et le début de l'adolescence. J'étais sur le point de quitter l'école primaire pour entrer dans la cour des grands. J'ai décidé d'aller étudier à l'école Sainte- Marthe pour ma 6ème année. Cette école privée est située à seulement 400 mètres de mon ancienne école, Jules Ferry. Beaucoup de mes camarades de classe y allaient également, y compris Willy, donc c'était un environnement familier pour moi. Je me sentais à l'aise et je n'étais pas dépaysé.

J'ai aussi la chance de retrouver mon ami, Jack, ainsi que plusieurs autres amis que j'ai connus depuis mon enfance et qui ont poursuivi leur scolarité primaire à Vallabrègues. Avoir mes deux meilleurs amis dans le même collège est vraiment une aubaine pour moi ! Nous pouvons passer plus de temps ensemble et partager nos expériences adolescentes, créer des souvenirs durables et renforcer notre amitié. Cela nous permettra de grandir ensemble et de soutenir mutuellement nos rêves et nos aspirations. En somme, je suis très reconnaissant d'avoir cette chance de continuer à cultiver ces précieuses amitiés.

Chaque matin, je me réveillais aux aurores pour me préparer et aller rejoindre Willy. Nous étions alors prêts à faire le trajet jusqu'à l'école ensemble en vélo. Nous adorions cette idée de prendre notre indépendance en utilisant nos propres moyens de transport pour nous rendre au collège.

Une fois devant le portail de l'établissement, nous étions obligés de descendre de nos vélos et de les pousser jusqu'au parking dédié. Il y avait des moments où nous tentions de pédaler dans la cour, on trouvait ça plutôt amusant, mais les professeurs ne partageaient pas notre point de vue et nous demandaient immédiatement de descendre. Ils n'étaient vraiment pas drôles selon nous, ces professeurs !
Malgré cela, nous étions toujours de bonne humeur et nous retrouvions nos vélos avec impatience pour rentrer chez nous après les cours.

C'était la période des MP3, vous devez vous en souvenir ! Mes parents m'en avaient acheté un, c'était super, on avait le droit de les utiliser dans la cour de récréation. Ceux qui avaient plus de moyens avaient des iPods, mais en soi, les fonctionnalités étaient les mêmes ! (Je me souviens même qu'avant ce bijou de technologie, j'avais un lecteur CD, disons que c'était un peu plus encombrant !)
En cours, on avait l'habitude de passer le fil des écouteurs dans la manche pour faire ressortir l'écouteur dans la main. Cela nous permettait d'écouter discrètement de la musique tout en reposant notre tête sur la main. Pour être honnête, l'école ne me passionnait pas du tout et la musique était une échappatoire à la monotonie des cours.

En rentrant de l'école le soir, on se retrouvait souvent tous sur MSN, avec le fameux "wizz". C'était notre plateforme de communication favorite pour se donner rendez- vous avec les copains, car à cette époque, tout le monde ne possédait pas un téléphone et les SMS étaient payants. On abrégeait le moindre mot pour utiliser le moins de caractères possible. C'est peut-être à partir de là que notre écriture a commencé à se dégrader.

À Tarascon, nous avons essayé un nouveau sport en jouant au tennis club avec Bradley et Jessica. C'était la dernière activité sportive que nous avions pratiquée ensemble, car après, nous avons choisi des chemins différents. Bradley a continué à pratiquer le tennis pendant quelques années avant de se tourner vers le BMX sur piste cross. Jessica, quant à elle, n'a plus fait de sport en particulier.

Ce terrain de BMX me rappelle d'ailleurs une petite anecdote à propos de ma sœur. Un soir, je l'ai surprise avec ses amis en train de fumer une cigarette sur le terrain de BMX près de chez nous. J'étais choqué de la voir fumer car je ne m'y attendais pas du tout. Elle m'a alors demandé de garder le secret et m'a incité à essayer une "taff".

Elle s'est dit que si je la dénonce, elle me dénoncera aussi d'avoir essayé, ce qui est stupide en fin de compte, car j'aurais dit à mes parents qu'elle m'a forcée à essayer et elle se serait bien fait engueuler ! Aujourd'hui, lorsque nous reparlons de cette histoire, nous en rions car c'était vraiment ridicule. Malgré cela, je suis heureux que cela ne m'ait pas incité à fumer plus tard, car je suis conscient des dangers de la cigarette et je n'aime pas du tout l'odeur de la fumée. Je ne comprendrai jamais le fait d'être dépendant d'une cigarette, même s'il y a beaucoup de fumeurs et qu'ils ont probablement leurs raisons, je ne comprendrai jamais.

Pour ma part, je passais le plus clair de mon temps à sortir avec mes amis. L'été, nous aimions nous baigner dans différents endroits, mais notre spot préféré était le "béton" de Vallabrègues.

Il s'agissait d'un pont d'environ 5 ou 6 mètres de haut, où tous les jeunes du village se rassemblaient, et où nous sautions dans l'eau en essayant de faire les figures les plus spectaculaires sans faire de plats. C'était un endroit amusant et excitant où nous passions de bons moments ensemble.

Je me souviens aussi que mon père nous emmenait souvent au Pont du Gard, situé à 30 minutes de notre maison à Tarascon. Nous y passions nos après-midis à sauter de la falaise du Pont du Gard, d'une hauteur d'environ 12 ou 13 mètres, et à plonger des rochers environnants. J'ai aussi sauté 5 fois du première arche du Pont du Gard, qui se situe à 21 mètres de haut.

Je crois que j'étais un peu fou quand j'étais plus jeune. Vous pouvez même retrouver les vidéos sur YouTube en écrivant : "Logan saute du Pont du Gard". Attention, la qualité de ces vidéos remonte à 14 ans en arrière... Inutile de vous dire qu'on est pas sur de la qualité 4k.

Mais je suis content que ces moments soient immortalisés, car je vous avoue qu'aujourd'hui je ne suis pas sûr de reproduire ces sauts. Bien que je n'aie pas peur du vide, je suis peut-être plus mature désormais et conscient du danger que cela représente en cas de mauvaise réception.

Sauter d'une hauteur de 21 mètres, avec une vitesse d'atterrissage d'environ 70 km/h dans l'eau, engendre un impact assez considérable.

Pour revenir aux activités sportives, j'ai également pratiqué un sport extrême, mais bien plus tard. pour mes 22 ans, ma sœur m'a offert un saut en tandem en parachute à Pujaut. Elle a réalisé mon rêve !

J'ai tellement aimé cette expérience que j'ai voulu recommencer tout seul. C'était un tel kiff ! Alors, j'ai décidé de me former à la progression accompagnée en chute (P.A.C.). Après cela, j'ai pu m'envoyer en l'air tout seul et j'ai accumulé 32 sauts avant de finalement arrêter. Les souvenirs sont inoubliables, surtout la sensation de flotter dans l'air alors que la vitesse de chute est d'environ 200 km/h. Qui n'a jamais rêvé de sauter d'un avion en vol ? Bien sûr, dit comme ça, peut-être pas tout le monde, mais qui n'a jamais rêvé de voler comme un oiseau ? Cette sensation est inoubliable et il y a tellement de sports extrêmes différents à essayer. Je suis persuadé que chacun peut trouver une activité qui lui convient pour vivre une expérience unique et inoubliable.

En 2006, j'ai redoublé ma sixième en raison de mes mauvais résultats scolaires. J'ai alors fréquenté le collège public Collège René Cassin à Tarascon. Ma sœur était également dans cet établissement et veillait sur moi pendant les récréations. Le collège était plus grand que mon précédent établissement scolaire et mes deux meilleurs amis y étaient également. Je suis resté dans cet établissement jusqu'en quatrième et je suis donc parti sans le brevet.

À la fin de ces trois années scolaires dans cette établissement, mon ami Willy m'a appris qu'il partait vivre à Paris chez son père. Il était comme un frère pour moi et j'étais vraiment triste d'apprendre son départ, après tant d'années passées ensemble à faire les 400 coups. Mais c'est la vie.

Ce qui est assez fou, c'est qu'aujourd'hui (14 ans après), Willy, que j'ai en ami sur Instagram, malgré les longues années de silence, m'écrit après avoir vu l'une de mes stories en me disant : "On habite à côté, mon pote ! Incroyable." Cela montre à quel point les réseaux sociaux peuvent réunir des personnes même après de nombreuses années.

Je me demandais comment c'était possible. Je savais qu'il était parti de Paris quelques années plus tard pour revenir vivre quelque temps à Beaucaire (petite ville collée à Tarascon), mais je ne savais pas qu'il était venu sur la côte dans le Var.

Cela paraissait étonnant que le destin nous ait réunis à nouveau après tant d'années de séparation. Nos chemins s'étaient séparés, et pendant 14 longues années, nos vies avaient suivi des trajectoires bien différentes. Et pourtant, comme par une étrange coïncidence, nous nous sommes retrouvés vivants à moins de 6 km l'un de l'autre. Cette proximité géographique inattendue nous a naturellement amené à renouer le contact et à partager nos souvenirs de jeunesse. Cette expérience m'a rappelé à quel point la vie peut être pleine de surprises et de rebondissements.

En 2009, j'ai fait ma rentrée à Avignon au CFA BTP Florentin Mouret. Mon patron était le père d'un ancien petit ami de ma sœur, nommé "Lionel" dans son livre "C'est tout moi". Je suis resté dans ce CFA seulement 3 mois, car je me suis fracturé le poignet gauche en faisant une chute à vélo. Je m'en souviens comme si c'était hier ! Quand j'y repense, il était évident qu'il allait arriver quelque chose à l'un de mes deux amis, ou à moi-même, et bien sûr c'est tombé sur moi. Laissez-moi vous expliquer :

Nous étions sur le terrain de BMX avec mes deux potes et nous nous donnions comme défi de sauter une table (une table est le nom d'une bosse de terre). Sur cette "table", nous avons rajouté au fur et à mesure des obstacles pour nous forcer à sauter de plus en plus haut. Évidemment, il y a bien un moment où ça ne passe plus ! Je me souviens alors de ce moment où j'ai engagé mon saut, mais où ma roue avant a touché l'obstacle et m'a fait chuter de mon vélo la tête la première. Mauvaise réception sur le poignet gauche, je sens que quelque chose ne va pas...

Petite anecdote : le terrain de BMX était depuis quelque temps fermé au public à cause d'incivilités de quelques jeunes. Nous avons alors escaladé le portail pour pouvoir nous amuser. Évidemment, avec deux mains pour escalader un portail, ça va, mais au retour avec un poignet en moins, je ne vous explique pas la galère. Heureusement que mes deux amis étaient là !

Bref, ce soir-là, je l'ai passé aux urgences avant de ressortir avec un joli plâtre de longues heures plus tard. Ce qui fait que je n'ai pas pu continuer mes études au CFA, c'est que mon patron n'a pas pu me reprendre en raison d'une baisse d'activité. J'ai donc été sans travail pendant toute l'année 2010, j'avais 17 ans à ce moment-là.

J'ai profité de cette année pour passer mon code de la route, que j'ai obtenu du premier coup. J'ai également passé beaucoup de temps avec mes amis, étant toujours dehors.

Mes parents ont toujours été très gentils et ne nous ont jamais interdit de sortir nous promener. Pour tout vous dire, quand je rejoignais mes amis, je ne disais pas "papa, maman, je peux sortir?" Je disais simplement "j'y vais, je reviens plus tard". Quand ma mère ne me voyait pas rentrer alors que l'heure du repas approchait, elle me demandait simplement par SMS si je dînerais à la maison. Nous avons vraiment des parents formidables.

L'été en Provence est une saison remplie de festivités, notamment les fêtes votives qui ont lieu chaque année dans les villages de la région. Ces fêtes sont marquées par des événements emblématiques tels que les abrivades, les encierros et les bodegas, qui attirent des foules de visiteurs impatients de découvrir la culture et les traditions provençales.

C'est lors de l'une de ces fêtes, organisée au Bar Lou Gardian, que j'ai eu l'opportunité de rencontrer ma première véritable relation. Nous sommes tombés amoureux l'un de l'autre et avons entamé une relation qui a duré six ans.

Bien que j'aie passé une année remarquable, à profiter de la vie, mon père avait déjà planifié mon avenir et envisagé avec ses supérieurs de m'intégrer dans la société dès mes 18 ans. Cela signifiait que je devais me préparer à faire face à de nouveaux défis et à saisir de nouvelles opportunités pour construire mon avenir dans cette entreprise.

chapitre 4 :
Le monde du travail

Le 8 avril, j'ai célébré mon anniversaire. Le lundi 11 avril 2011, je suis parti en déplacement avec mon père pour Eiffage Energie. C'était difficile de quitter la maison brusquement sans voir ma mère, mon frère, ma sœur et ma petite amie pendant la semaine, surtout que mon père vivait dans des conditions difficiles pour économiser.
Mon premier chantier se situait à Martigues, près de Marseille, à seulement 45 minutes de Tarascon. Je ne comprenais pas pourquoi mon père ne rentrait pas à la maison chaque soir. C'était peut-être à cause de la fatigue causée par le trajet et la journée de travail.

Le 25 avril, j'ai obtenu mon permis de conduire, ce qui était indispensable pour travailler en déplacement, même si pendant plusieurs mois, j'étais sur le même chantier que mon père et que je n'avais pas vraiment besoin de conduire. Je me dis que si j'avais une voiture à ce même moment, je serais probablement rentré tous les soirs. Vous allez comprendre pourquoi je vous dis ça...

Le premier soir après le travail, mon père et moi sommes allés faire des courses ensemble. C'était une expérience nouvelle pour moi car jusqu'à ce jour, j'avais toujours vécu chez mes parents et n'avais jamais vraiment fait les courses moi même.

Mon père m'a montré les différents produits qu'il achetait habituellement pour la semaine, il s'agissait principalement de plats tout préparés à réchauffer au micro-ondes. Bien que les images sur les emballages semblaient appétissantes, à l'intérieur, c'était tout autre chose!

J'ai quand même mangé ce genre de plats pendant plusieurs mois avant de me rendre compte que ces produits étaient bourrés de conservateurs et d'autres ingrédients peu sains pour la santé. Vous savez, les aliments transformés sont souvent riches en additifs et en sucres cachés qui peuvent avoir des effets négatifs sur notre organisme. Je peux vous dire que le week-end, j'étais content de manger les bons plats de ma mère!

Après les courses, nous sommes allés à l'hôtel. Enfin, quand je dis "hôtel"... Je me souviens de cette caravane peu accueillante, installée sur un terrain qui n'était même pas un vrai camping, juste à côté du chantier.

C'est donc dans ça que mon père "vivait" toutes ces semaines pour nourrir sa famille. J'avoue que j'étais à deux doigts de fuir. Ce n'était pas la vie de rêve, mais comme disait mon père : "Tu aurais dû travailler à l'école." Cette phrase a pris tout son sens ce jour-là. Mon père a toujours été excessif.

Il attachait une grande importance à la valeur de l'argent et faisait tout pour économiser le moindre centime. Personnellement, je ne pense pas qu'il faille vivre de cette manière, mais chacun a sa propre vision des choses.

C'est donc pour ça que si j'avais une voiture, je serais rentré tous les soirs pendant le temps que j'étais sur ce chantier, car oui, cette caravane sur ce terrain n'était vraiment pas le meilleur souvenir de ma vie. On peut dire que j'ai commencé ma vie active "à la dure", même si je suis conscient qu'il y a toujours des gens bien plus malheureux que soi.

Je me souviens de cette rencontre avec François sur le chantier. Il était un jeune chef de chantier fraîchement sorti de l'école, un peu plus âgé que moi. Bien qu'il ait été formé sur le tas et qu'il n'ait pas forcément été pris au sérieux par d'autres personnes car il était jeune et n'avait pas une grande expérience pratique, c'est une personne formidable avec qui j'ai tissé des liens de confiance.

Un jour, François m'a demandé ce que j'envisageais pour mon avenir. J'ai réalisé que je n'avais pas encore de plan concret en tête. François m'a alors parlé de l'importance d'investir dans l'immobilier dès maintenant pour assurer un futur stable et confortable. Bien que l'idée ne m'ait pas immédiatement séduit, j'ai décidé de suivre son conseil et d'acheter un appartement.

J'ai donc acheté mon propre appartement que j'ai rafraîchi à mon goût, à l'âge de 21 ans, avec l'aide de ma mère pour tout ce qui concerne les rendez-vous, les papiers, le notaire, etc. Cela m'a donné un sentiment de fierté et d'indépendance que je n'avais jamais ressenti auparavant.
Cette expérience m'a montré que les conversations les plus anodines peuvent parfois avoir un impact énorme sur nos choix et notre avenir.

Je suis extrêmement reconnaissant envers François de m'avoir guidé vers cette étape importante de ma vie. Grâce à lui, j'ai non seulement acquis un bien immobilier, mais j'ai également appris l'importance de saisir les opportunités lorsqu'elles se présentent.

Il a également été présent pour moi lorsque j'ai traversé une rupture difficile après une relation de six ans. Je me souviens encore de la façon dont il m'a soutenu à travers cette période difficile. Il était toujours là pour moi, m'encourageant à aller de l'avant. J'étais tellement reconnaissant de l'avoir dans ma vie.

En plus d'être gentil et drôle, il était également très sage et m'a donné de précieux conseils qui m'ont aidé à grandir en tant que personne. Nous avons passé tellement de bons moments ensemble, à rire et à discuter. Mais tout a changé quand il a décidé de changer d'entreprise quelques années plus tard. J'étais triste de perdre un ami, mais nous sommes quand même restés en contact.

Par la suite, mon frère David a rejoint la société, comme je vous l'ai dit au début. C'était une période très agréable pour moi car avec le travail en déplacement, j'avais moins l'occasion d'aller le voir et de passer du temps avec lui. En travaillant de temps en temps sur les mêmes chantiers, nous avons pu passer pas mal de temps ensemble et j'en garde de très bons souvenirs.

Nous étions vraiment complémentaires au travail et

étions donc souvent placés sur les mêmes chantiers. C'était cool car du coup, le soir, nous allions au camping ensemble ou alors nous prenions une chambre d'hôtel à deux pour économiser. Le soir, c'était apéro et rigolade. Cela nous a permis de renforcer notre lien fraternel.

En 2019, après avoir vécu 5 ans dans mon appartement, j'ai déménagé à Decazeville, une petite ville de l'Aveyron, pour une fille rencontrée sur les réseaux sociaux. Cela n'a pas eu d'impact sur mon travail en déplacement, mais a ajouté beaucoup de trajets et d'heures de route en raison de la région éloignée des autoroutes.

Néanmoins, j'ai trouvé le charme de la campagne plutôt agréable, surtout en été où j'ai pu explorer les montagnes avec différents ruisseaux et cours d'eau. Le paysage était magnifique. Cependant, l'hiver a été assez difficile pour moi, n'étant pas habitué à ces températures et à la brume chaque matin.

Deux ans après, en 2021, ma relation avec la fille a finalement pris fin. C'était un tournant très incertain dans ma vie. Je me suis retrouvé tout seul en Aveyron avec un chien, donc c'était très compliqué de continuer à travailler en déplacement.

J'étais dans une impasse. J'avais expliqué ma situation à ma famille en expliquant que j'allais revenir à Tarascon dans mon appartement qui était en location depuis tout ce temps.

Quelques jours plus tard, ma sœur m'a appelé pour me dire qu'elle aller acheter un appartement dans le Var pour que j'y habite. J'étais sans voix et je ne savais pas quoi répondre. Je savais qu'elle voulait acheter une maison pour mes parents afin de les rapprocher de leur maison de vacances dans le Var où mon frère Bradley avait déjà emménagé, pour que nous soyons tous ensemble. Cette proposition a clairement donné un nouveau tournant à ma vie.

En attendant, je suis retourné à Tarascon, chez mes parents avec mon chien Rocco, que nous avions adopté 4 mois avant notre séparation. Pendant ce temps, mes parents étaient chez ma sœur à Sanary pour la soutenir pendant sa grossesse difficile, dans laquelle elle devait rester alitée. J'ai donc passé l'été chez mes parents tout seul avec mon chien. Cette période a été pour moi une période de réflexion, durant laquelle j'ai pu prendre le temps de reconsidérer mes choix et mes priorités dans la vie. J'ai également profité de cette occasion pour passer plus de temps avec ma famille et mes amis d'enfance.

Nous étions en pleine période d'incertitude due au Covid-19 et j'étais en chômage technique.Mais le plus incroyable, c'est que tous les astres se sont alignés à ce moment-là. Depuis longtemps, j'avais envie d'avoir un staff, j'avais même une image de staff en fond d'écran sur mon ordinateur, une image que j'ai encore à l'heure où j'écris ces lignes.

Avec un chien, il était clair que je ne pouvais plus partir en déplacement. Après avoir atteint les 5 ans d'ancienneté, j'avais décidé que je ne passerais pas plus de 10 ans dans cette "vie de déplacement".

J'ai alors réalisé que cela faisait bientôt 10 ans que j'étais dans cette société, à 2 mois près. Ne pouvant plus partir en déplacement, j'ai demandé une rupture conventionnelle, qui m'a malheureusement été refusée. J'ai donc abandonné mon poste.

je ne regrette pas, car je n'ai jamais été passionné par ce travail, mais j'ai choisi de m'impliquer dans les tâches à accomplir en raison de mon tempérament.

J'ai toujours fait de mon mieux pour être rapide et efficace, mais cela a malheureusement entraîné un raccourcissement des délais. Mes collègues de travail ont souligné que cela était en partie de ma faute.

Je suis un travailleur déterminé et efficace, ce qui signifie que j'ai souvent été affecté à des chantiers complexes où il est impératif de travailler rapidement.

Bien que cela puisse sembler être un avantage, cela signifie que j'étais tout le temps en déplacement, ne restant jamais sur un même chantier pendant plusieurs semaines comme le font les autres collègues qui prennent le boulot un peu plus cool.

Je trouve cela injuste car pour moi, il n'y avait aucune reconnaissance à se donner à fond, et au contraire, j'avais l'impression d'être pénalisé. Cela peut être épuisant, car je devais trouver chaque semaine un nouvel endroit où dormir, faire les trajets nécessaires et m'adapter à un nouvel environnement de travail.

Lorsque j'ai posé la question à mes supérieurs sur la raison pour laquelle on m'obligeait à me déplacer de cette manière, j'ai reçu pour seule réponse que c'était pour des raisons liées à mes compétences professionnelles. Cependant, malgré mon dévouement envers mon travail, je n'ai jamais reçu de reconnaissance pour les efforts que j'ai fournis. J'ai fini par comprendre qu'on était seulement des pions qu'on déplaçait sur une carte, rien d'autre. Mais j'avais la conscience tranquille et je ne regrette pas d'avoir donné le meilleur de moi-même.

Le déplacement est un mode de vie un peu spécial qui n'est pas donné à tout le monde. Je me suis dit que je le ferais pendant 5 ans pour mettre de l'argent de côté, et que j'arrêterais. C'est ce que tout le monde dit, mais une fois dans ce cercle, où tu gagnes tout de même bien ta vie avec le confort qui va avec, c'est dur de retourner en arrière. J'avais beaucoup de collègues qui disaient dire la même chose quand ils ont commencé, puis les années passent et ils finissent par être plus proches de la retraite qu'autre chose, alors ils restent....

Malgré tout, j'ai de bons souvenirs de cette expérience. Sur les chantiers, il y avait des moments où nous rions entre collègues, où nous nous faisions des blagues plus hilarantes les unes que les autres. J'étais assez doué pour taquiner mes collègues. J'aimais attacher les outils de travail ensemble, coller les chaussures de sécurité au sol, mettre de la graisse sur les poignées, faire des nœuds au bout des manches, attacher les lacets entre eux, et mettre des cailloux dans les chaussures. J'adorais embêter les autres, mais c'était de bonne guerre.

Mais pour moi, ce n'était clairement pas une vie. Quoi qu'il arrive, je me suis toujours dit que je ne ferais jamais ce que mon papa avait fait.

Il avait beaucoup travaillé pour que nous ne manquions de rien, mais en partant toutes les semaines, pendant toute sa carrière, il n'avait jamais vraiment pu nous voir grandir ni nous élever.

Pour moi, la relation parent-enfant est extrêmement importante, donc il était certain que je ne ferais pas ce métier toute ma vie. Aujourd'hui, je n'ai pas d'enfant, mais cela aurait été ma première porte de sortie.

Quelques photos d'Illustration

Moi bébé

Ma soeur et moi dans la caravane

Moi et notre chien Junior

Notre maison de vagabon

Jessica Bradley et moi

Ma soeur et moi sur le figuier qui me semblait immense (c'est moi qui était petit)

Moi qui ai attrapé une énorme varicelle

Le fameux grand hangar

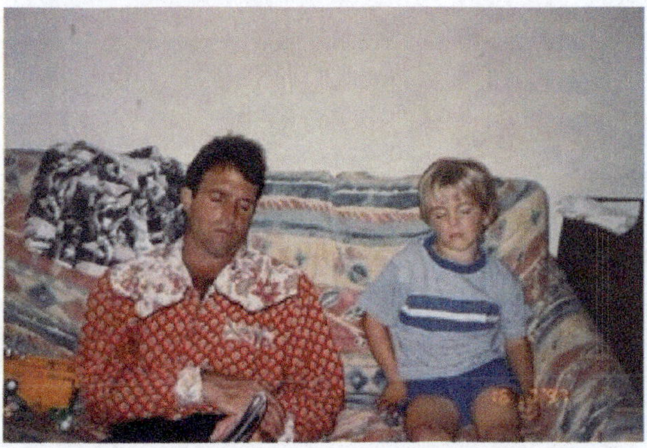

Une somnolence avec mon papa

Mon frère David Jessica et moi

Les cousinades

Willy et moi à la maison de Tarascon

Ma rencontre avec les Marseillais chez mes parents

Moi dans une nacelle sur le chantier

Ma sœur qui fait désormais partie des Marseillais

Mon appartement que j'ai rafraîchi .

Ma première visite à Dubaï avec Bradley

Ma première rencontre avec Maylone

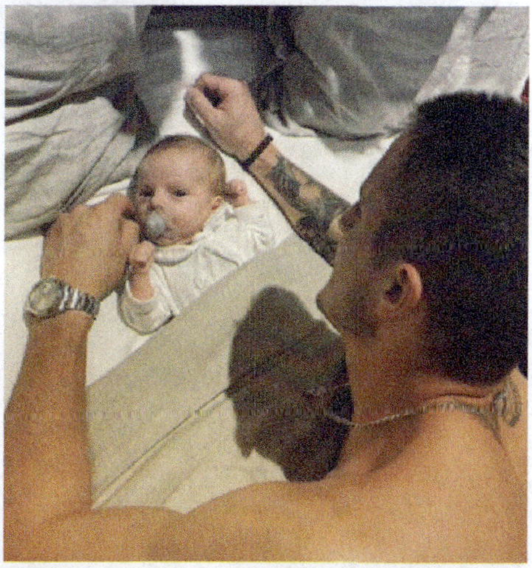

Les Noël en familles

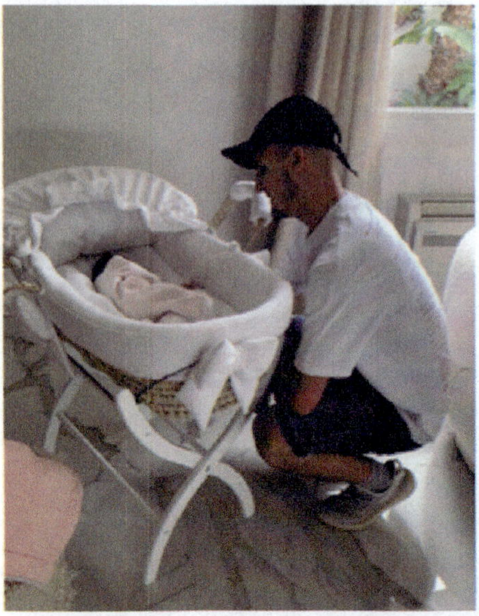

Ma première rencontre
avec Leewane

Ma boule de poils
préférée, Rocco

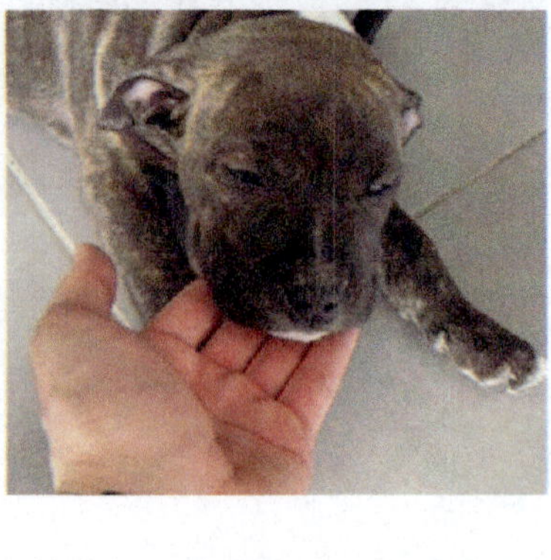

les étés en famille
chez Jess et Thibault

Les aux revoirs difficiles

Notre voyage en Amérique
offert par ma soeur

Zion national park

Bryce Canyon

Lake Powell

Antelope Canyon

Horseshoes Bend

Monument Valley

Grand Canyon

Comment je veux vivre ma vie

chapitre 5 :
Une star est née

Je me souviens de ce jour où, pour la première fois, j'ai rencontré les personnes qui, plus tard, accueilleraient ma sœur dans leur famille des Marseillais. À ce moment là, je vivais encore chez mes parents, je bricolais sur ma moto dans le garage quand Julien, Thibault et Shana ont débarqués à la maison. Je n'étais pas vraiment impressionné car je ne regardais pas du tout l'émission télévisée. Nous passons l'après-midi à la piscine et à jouer au basket. Je n'aurais pas imaginé que ce moment serait un tournant pour la vie de ma sœur.

En effet, ils se sont retrouvés chez mes parents car ils étaient venus voir ma sœur, que Julien avaient rencontré quelques temps plus tôt. Cette rencontre avait eu lieu lors d'une soirée en boîte de nuit à Aix, à laquelle ma sœur avait demandé à Julien de faire une photo avec elle. Par la suite, ils sont restés en contact et se sont revus lors des fêtes de Beaucaire, où ils avaient un booking.

C'est seulement quelques mois plus tard que ma sœur est partie pour participer à l'émission "Les Marseillais". Jusque-là, ma vie n'avait pas vraiment changé, je continuais à voyager pour le travail pendant la semaine et à rentrer chez moi le week-end. Lorsque j'ai annoncé à mes amis que ma sœur allait partir pour "Les Marseillais", ils ont trouvé ça fou (eux qui regardent l'émission).
Lorsque les premières images sont apparues à la télévision, je dois avouer que je ne les ai pas regardées directement. Mais comme c'était tout de même ma sœur qui y participait, je me suis dit que je devais au moins regarder quelques épisodes.

C'est ce que j'ai fait, et j'ai découvert ma sœur sous un nouveau jour. Il faut dire que ces dernières années, nous ne nous sommes pas beaucoup fréquentés parce que nous travaillions tous les deux. Je rentrais chez moi le week-end et voyais mes amis, tandis qu'elle voyait les siens.

En la voyant à la télévision, je la découvre avec sa "famille" des Marseillais, c'est-à-dire un groupe d'amis. Ainsi, je la découvre différemment, avec ses rires, mais aussi ses disputes et les conflits, des choses qu'on ne voit pas dans la vie quotidienne car nous ne sommes pas ensemble 24 heures sur 24. Quand je la vois se disputer avec les autres, ça me paraît étrange. Quand je la vois pleurer, ça m'attriste et peut même me faire monter les larmes aux yeux.

En regardant les émissions, je découvre de nouvelles facettes de la personnalité de ma sœur. Je suis surpris de découvrir à quel point elle a un fort caractère et un côté extraverti. Cela me fait réaliser que je la connaissais moins bien que je ne le pensais. Cependant, cela me permet de mieux comprendre sa personnalité et de renforcer notre relation fraternelle.

J'admire également sa capacité à gérer les différents conflits et à faire face aux situations difficiles qui se présentent à elle. Cela montre sa force de caractère et son courage, des qualités que je n'avais pas forcément remarquées auparavant.

Au final, cette expérience est très enrichissante pour moi, car elle me permet de découvrir une facette différente de ma sœur à travers l'émission. Je suis heureux de pouvoir la voir sous un autre angle et de renforcer notre lien familial grâce à cette nouvelle découverte.

Elle a su saisir l'opportunité qui allait changer sa vie à jamais, et je suis extrêmement fière d'elle car elle a su garder les pieds sur terre et la tête sur les épaules, sans jamais oublier ses origines modestes. Bien que nous soyons conscients de la face sombre de ce monde, avec des stars qui sombrent dans la drogue et l'alcool, je suis heureux de dire que ce n'est pas le cas pour elle. En effet, elle a réussi à rester loin de ces dérives et à se concentrer sur sa carrière, ce qui la mène aujourd'hui vers des sommets de réussite.

Cependant, ce succès a malheureusement eu des conséquences, notamment la contrainte pour elle de quitter la France, son pays natal. Bien que cela soit compréhensible, le fait de gérer les fans, les photos dans la rue et les personnes qui viennent jusqu'à sonner chez elle sans aucun scrupule s'est avéré être un véritable défi. Personnellement, je dois admettre que je n'aurais pas été en mesure de gérer une telle pression médiatique et la célébrité qui en découle.

Cependant, même si ma sœur habite à Dubaï loin de nous, elle y mène sa vie de rêve et en toute sécurité. Cette situation nous rassure beaucoup.
D'ailleurs, pour maintenir un lien régulier, nous utilisons divers réseaux sociaux qui nous permettent de rester en contact malgré la distance. Nous sommes donc bien heureux lorsque nous nous retrouvons tous ensemble. En effet, elle a fondé sa propre famille extr-

aordinaire composée de Thibault, un mari formidable pour elle et un modèle pour moi, ainsi que leurs deux adorables enfants, Maylone et Leewane, que j'aime énormément et avec qui je passe de merveilleux moments. C'est un réel bonheur pour moi de les voir grandir et évoluer.

J'ai également passé un casting pour rejoindre Les Marseillais. Ma sœur voulait que je fasse partie de la "famille", ce qui aurait été amusant : une famille au sein de la famille. Heureusement pour moi, mon profil n'a pas été retenu, probablement en raison de ma timidité et de ma réserve.

Je dis "heureusement" car, comme je vous l'ai dit précédemment, je n'aurais pas su gérer la notoriété, les critiques, et tout cela. Je sais que les gens peuvent être méchants et blessants. Ce sont autant de facteurs qui peuvent potentiellement détruire votre vie si vous leur accordez trop d'attention. J'ai également été contacté par "Un dîner presque parfait" qui souhaitait faire un thème avec des frères et sœurs de téléréalité. J'ai refusé pour les mêmes raisons que précédemment. Autant dire que j'aime ma tranquillité.

Être célèbre, c'est non seulement bénéficier d'une plus grande exposition médiatique, mais aussi faire attention à tout ce que l'on dit ou montre sur les réseaux sociaux. La moindre erreur peut rapidement se transformer en une polémique, en un sujet de clash et de haine. Les célébrités doivent donc être particulièrement vigilantes dans leur communication en ligne, sachant que chaque mot et chaque image peuvent être scrutés et interprétés de multiples façons.

De plus, leur popularité peut susciter des commentaires désobligeants, des critiques injustifiées, voire même des menaces. C'est pourquoi les personnalités publiques doivent souvent faire face à un niveau de stress et de pression supplémentaire : elles sont tenues de maintenir une image positive et de préserver leur vie privée simultanément.

Malgré ces difficultés, être connu offre également de nombreuses opportunités et avantages, tels que des collaborations avec des marques, des invitations à des événements exclusifs et la possibilité d'avoir une voix influente dans des causes qui leur tiennent à cœur.

En somme, être célèbre est un choix de vie qui apporte à la fois des avantages et des défis, mais qui demande aussi une certaine prudence et une capacité à gérer les réactions de la foule en ligne.

chapitre 6 :
Les inconvénients

Ce tournant dans la vie de ma sœur va non seulement avoir un impact sur elle, mais aussi sur moi, car nous ne sommes plus simplement nous-mêmes aux yeux des autres, mais le frère de Jessica des Marseillais.

Au début, cela n'avait pas vraiment d'importance, mais au fil du temps, cela est devenu un peu pénible et j'ai commencé à me demander si les gens me parlaient pour qui je suis vraiment ou pour ce que je représente. Malheureusement, cela peut parfois affecter notre relation avec les autres.
Cela peut également changer la façon dont les gens nous traitent, les attentes qu'ils ont de nous, etc. En fin de compte, il est important de se rappeler qui nous sommes et de ne pas laisser les opinions des autres nous affecter de manière négative.

À ce moment-là, j'étais en couple depuis déjà 4 ans, donc il n'y a pas eu d'impact réel de ce côté-là. Je vous explique un peu plus loin pourquoi aujourd'hui, c'est plus compliqué.

Je travaillais aussi déjà depuis 3 ans dans la société, donc mes collègues étaient au courant et, pour la majorité d'entre eux, ce sont des "anciens", donc il n'y a pas eu de répercussion.

Cependant, pour mon petit frère Bradley qui était en pleine période scolaire, ça a été l'enfer. Il était au collège Sainte Marthe (où j'ai également fait ma 6ème) au début de la notoriété de ma sœur. Forcément, cela peut vite tourner à l'harcèlement dû aux questions que tout le monde peut se poser. Il s'est donc beaucoup renfermé sur lui même. Il est ensuite parti en internat pour des raisons pratiques, mais au final, cela a été encore plus difficile à gérer pour lui. Il a donc demandé à ma sœur de convaincre mes parents de le sortir de l'internat, car il en pouvait plus et disait vouloir arrêter de vivre. (Ma sœur a beaucoup d'influence sur mes parents, je vous expliquerai la raison un peu plus loin).

Au début des programmes de télé-réalité, les téléspectateurs étaient intrigués et ont commencé à se poser de nombreuses questions. Parmi celles-ci, je recevais fréquemment des interrogations telles que "Qu'est-ce que ça fait d'être le frère de Jessica des Marseillais ?" ou encore "Comment ça fait de voir sa sœur à la télé ?".

En réalité, cela n'a jamais vraiment eu d'impact sur ma vie car je ne suis pas du tout impliqué dans tout ça. Aujourd'hui, regarder un programme de télé-réalité est semblable à utiliser un réseau social, car on peut voir des personnes de tous les horizons et les suivre dans leur vie quotidienne.

Aujourd'hui, l'utilisation des réseaux sociaux s'est largement démocratisée. Certaines personnes ont plus de vues sur Snapchat qu'une chaîne de télévision n'a de téléspectateurs. Nous commençons également à avoir des personnes qui nous suivent sur Instagram, par exemple, sans que nous les connaissions.

Cette situation a été compliquée lorsque j'étais en couple et que ma petite amie a vu des centaines de filles me suivre sur les réseaux sociaux, même si je n'y prêtais pas vraiment attention.

Je ne comprends pas vraiment le concept d'être un fan inconditionnel de quelqu'un. J'ai toujours été un peu perplexe face à cette attitude. Bien sûr, je peux apprécier une personne pour son talent ou son travail, mais cela s'arrête là. Par exemple, j'aime bien le chanteur Gims et je trouve qu'il a du talent. Mais même si je le croisais dans la rue, je ne le dérangerais pas pour lui demander une photo.

Pour moi, il y a une limite à l'admiration que l'on peut avoir pour une personne, car après tout ce sont de simples êtres humains. D'ailleurs, j'ai rencontré presque tous les Marseillais et je n'ai jamais demandé à prendre des photos avec eux, car pour moi, ce sont des personnes comme les autres.

Je ne porte aucun jugement sur ceux qui admirent des personnalités publiques, cela peut être tout à fait naturel. Cependant, personnellement, je trouve que cela manque souvent de sens. Cela est en grande partie dû à ma personnalité, qui ne me pousse pas vers ce type de comportement. En effet, je n'ai jamais été très intéressé par tout cela. Je préfère une vie simple, sans télévision, où je peux me concentrer sur les choses essentielles et profiter de la beauté de la nature qui m'entoure.

Je pense que cela me permet d'avoir une meilleure compréhension de moi-même et de mes valeurs, et cela m'aide à être plus en paix avec moi-même et avec le monde qui m'entoure.

J'ai déjà reçu des demandes un peu spéciales, comme : "Peux-tu demander à ta sœur de me donner de l'argent ?" ou "Peux-tu dire à ta sœur que je l'adore et que je la suis depuis le début ?". C'est parfois amusant de constater que les gens me voient comme un messager et ma sœur comme une banque. Je trouve cela culotté, mais je ne m'en formalise pas. Cela m'amène souvent à réfléchir sur les conséquences de la célébrité.

Du coup, je ne prête pas trop attention aux messages que je reçois, même si en soi, je ne reçois pas de mauvais messages méchants ou autres. Je ne réponds pas à tout le monde, quand je vois que c'est par intérêt, alors je coupe court à la conversation. J'arrive plus ou moins à cerner les personnes.

Bien sûr, il y a des moments où certains messages me semblent pertinents, surtout lorsqu'il s'agit de la santé, et dans ces cas-là, je les transmets à ma sœur. Cependant, avec les milliers de messages qu'elle reçoit chaque jour, il est rare que ces conseils soient nouveaux ou inédits pour elle.

Je me suis donc un peu renfermé sur moi-même avec le temps. Heureusement, j'ai encore mes amis d'enfance que je vois de temps en temps malgré la distance (depuis je n'habite plus à Tarascon). Déjà que je n'étais pas un grand sociable, alors aujourd'hui c'est encore plus dur.

Au fil du temps, j'ai commencé à me renfermer sur moi-même, ce qui a eu un impact sur ma vie sociale. Bien que je n'étais pas un grand bavard, ma timidité s'est accentuée et a rendu les interactions sociales plus difficiles. Néanmoins, je suis reconnaissant d'avoir encore des amis d'enfance avec qui je suis en contact de temps en temps, même s'ils sont loin depuis que j'ai déménagé de Tarascon.

C'est pour cela que j'ai du mal à avoir une relation amoureuse. Je ne sais jamais si les filles que je rencontre sur les réseaux sociaux s'intéressent vraiment à moi ou à ce que je représente. Il est difficile de faire la part des choses, et cela crée une incertitude constante. Ce n'est pas seulement difficile pour moi, mais aussi pour la fille car évidemment je suis méfiant. En effet, je dois m'assurer que je ne suis pas pris pour un idiot, car je sais que les gens sont prêts à tout pour rencontrer leur idole.

Par conséquent, je prends le temps de bien connaître les personnes avant de m'engager dans une relation. Cela peut être long et fastidieux, mais c'est le seul moyen pour moi de trouver quelqu'un qui s'intéresse vraiment à moi pour ce que je suis. En fin de compte, je crois que la patience est la clé pour trouver une relation amoureuse solide et durable.

Je pourrais jouer de la notoriété de ma sœur pour enchaîner les conquêtes, mais ce n'est pas mon genre. Je préfère rencontrer une fille sérieuse avec qui j'ai un bon feeling et envisager de construire une famille. Selon moi, cela fait partie de la vie. Je crois en l'amour et en la construction d'une relation solide basée sur la confiance, le respect et la communication.

Il est vrai que maintenir une relation stable sur la durée peut s'avérer difficile de nos jours, en partie à cause des réseaux sociaux. Les tentations sont plus nombreuses et accessibles à portée de clic.

Il est intéressant de comparer notre époque avec celle de nos parents ou grands parents. La plupart des couples essayaient de réparer les choses lorsqu'elles étaient cassées. Ils se battaient pour leur relation et leur engagement, et cherchaient à maintenir leur union malgré les difficultés.

Aujourd'hui, les choses ont changées. Il est devenu plus facile de discuter avec une autre personne en quelques clics, alors qu'auparavant, il fallait probablement aller au marché ou au café du coin. Les réseaux sociaux peuvent être considérés comme une arme à double tranchant. Ils peuvent permettre de rester en contact avec ses proches, de faire des rencontres intéressantes, mais ils peuvent également devenir un moyen de tromperie, de mensonge et de trahison.

C'est pourquoi je suis convaincu que pour construire une relation saine et durable, il faut être honnête avec soi-même mais aussi avec l'autre. Il faut parler de ses attentes, de ses craintes, de ses envies, et être à l'écoute de celles de son partenaire. La communication est la clé pour résoudre les conflits et les malentendus. Il est également important de savoir pardonner et de ne pas laisser les erreurs du passé hanter la relation.

Pour finir sur ce chapitre des inconvénients, je me souviens aussi au début de la carrière de ma sœur, tout tournait autour d'elle à la maison. Mes parents ne juraient plus que par ma sœur, et je peux comprendre qu'ils étaient fiers, c'est normal, chaque parent le serait probablement, même en tant que frère, je le suis. Mais au début, c'était difficile d'arriver à se faire une place au milieu de tout ça. Toutes les discussions tournaient autour de ce sujet, et j'avais l'impression de ne plus trop exister. Ce n'était pas un passage facile, mais heureusement, après 2 ou 3 tournages, tout est redevenu normal et j'ai réussi à retrouver ma place. Je pense que cela fait partie des défis que l'on peut rencontrer lorsque l'on est lié à une célébrité, mais j'ai appris à gérer cette situation et à ne pas laisser cela affecter ma relation avec ma famille. C'était peut-être le temps d'adaptation.

Après mûre réflexion, je pense qu'il est difficile de dire qu'il y a de véritables impacts négatifs. Nous devons apprendre à accepter les choses telles qu'elles sont et à trouver des moyens de vivre avec elles sans nous laisser abattre.
Bien sûr, cela peut être plus facile à dire qu'à faire, mais je crois que c'est important de garder une attitude positive et de chercher les aspects positifs dans chaque situation. Cela peut nous aider à rester motivés et à continuer à avancer, même dans les moments difficiles. De cette façon, nous pouvons vivre une vie plus heureuse et plus épanouissante.

chapitre 7 : Les avantages

On m'a déjà répété plusieurs fois que j'ai de la chance d'être le frère de Jessica des Marseillais. Cette phrase peut sembler étrange, mais elle est récurrente. Je suis heureux d'avoir une sœur qui a su se faire un nom dans le milieu de la télé-réalité. Mais je suis encore plus chanceux d'avoir une sœur telle qu'elle est, car elle est bien plus que cela. Elle a un cœur immense, toujours prête à aider les autres et à veiller à leur bien-être. Elle est également très attentionnée et prend soin de sa famille et de ses amis proches.

Je suis extrêmement reconnaissant pour tout ce qu'elle apporte et fait pour notre famille. Elle fait énormément pour nous. Récemment, elle a acheté une maison avec un studio attenant près de leur maison de vacances pour y loger mes parents. Elle a également acheté un appartement pour me loger dans le même secteur, à peine 5 minutes de leur maison de vacances, afin que nous soyons tous réunis. C'est un avantage inestimable et j'aimerais un jour pouvoir lui rendre la pareille.

Elle a également offert à mon frère et à mon père une voiture presque neuve pour remplacer leur voiture qui commençait à avoir beaucoup de kilomètres. Elle a également fait beaucoup d'autres petites choses qui font que oui, nous sommes avantagés, mais encore une fois, cela vient d'elle et non du fait qu'elle ait participé à une émission de télé-réalité.

L'émission l'a peut-être propulsée dans la vie, mais ce qu'elle a accompli pour nous est le fruit de son travail acharné et de son amour pour sa famille.

Nous avons la chance de pouvoir voyager car elle habite à Dubaï et nous y invite régulièrement. Dubaï est une ville incroyable avec ses buildings, ses voitures de luxe, son service et sa sécurité, mais elle manque de verdure et de paysages naturels à mon goût. Cependant, la ville regorge d'activités diverses et variées, de musées, de centres commerciaux, de restaurants, de plages artificielles, etc.

Il est également possible de faire des excursions dans le désert et de nombreuses autres activités. Pas étonnant que les gens veuillent s'y rendre. Je suis heureux de pouvoir profiter des visites occasionnelles à Dubaï tout en ayant un mode de vie plus proche de la nature dans mon pays natal.

Récemment, pour Noël 2021, Jessica a organisé un road trip en famille aux États-Unis. À l'origine, c'était un cadeau pour mes parents. En voyant la réaction de mon frère et moi (super contents pour nos parents), ma sœur nous a observait en disant : "Ça tue, hein ?" Nous étions super heureux pour eux, et c'est alors que ma sœur nous a annoncé : "Bah, vous venez avec nous, on part en famille !" Nous nous sommes mis à pleurer, tellement nous n'y croyions pas ! C'est un souvenir que je garderai toute ma vie.

Cela me tient à cœur de partager avec vous ce merveilleux périple en famille. Voici comment s'est déroulé le road trip :

Nous avons atterri à Las Vegas pour la première étape de notre road trip. Bien qu'il fasse déjà nuit, nous étions impatients de découvrir cette ville animée, célèbre pour ne jamais dormir.
Après avoir effectué notre check-in dans notre hôtel, (qui était comme dans les films, avec un casino et des machines à sous partout, c'était incroyable), nous avons décidé de sortir pour explorer les environs.

Nous avons marché en direction de la zone la plus éclairée, absorbant l'atmosphère animée de la ville. Cependant, après plus d'une heure de marche, nous avons réalisé que nous étions partis dans la mauvaise direction. Nous avons ri de notre erreur, mais comme nous reviendrons à Las Vegas à la fin de notre road trip, ce n'était pas grave.

En fait, nous avons même découvert le côté sombre de Las Vegas, c'est-à-dire beaucoup de gens ivres ou défoncés à je ne sais quelle substance, et malheureusement beaucoup de sans-abri qui étaient allongés sous des couvertures à tous les coins de rue, c'était assez triste à voir. Ce n'est vraiment pas l'image que l'on associe généralement à Las Vegas.

Au matin, nous sommes partis de Las Vegas pour le parc national de Zion, situé dans l'État de l'Utah, dans l'ouest des États-Unis. Le parc est célèbre pour ses falaises de grès rouge, ses canyons profonds et étroits, ainsi que sa rivière Virgin qui serpente à travers le parc.

Le décor est spectaculaire, mais selon moi, moins impressionnant que ce que nous avons vu par la suite. Le soir venu, nous avons dormi au Zion Mountain Ranch, un magnifique hôtel où nous avons logé dans des chalets en bois, le soir nous avons manger au restaurant de l'hôtel, un restaurant typique western avec des produits du Ranch.

Le lendemain, nous avons pris la route pour le parc national de Bryce Canyon situé dans le sud-ouest de l'Utah, dans l'ouest des États-Unis.
Contrairement à ce que son nom peut laisser penser, ce n'est pas un canyon, mais une série d'amphithéâtres naturels creusés dans le plateau de Paunsaugunt.

L'un des attraits les plus célèbres du parc est le spectacle de ses formations géologiques uniques appelées hoodoos ou "cheminées de fée", qui sont des colonnes rocheuses magnifiquement sculptées par l'érosion et la météo. Ces hoodoos prennent une variété de formes et de couleurs, allant du rouge au rose, à l'orange et au blanc.

Puis nous sommes partis en direction de Lake Powell, un endroit magnifique. C'était une journée de repos, donc nous avons pris le temps de prendre de belles photos en famille en essayant d'immortaliser des images assez rigolotes où nous sautions le plus haut possible. Nous avons bien rigolé, ces souvenirs resteront gravés, tout comme le voyage entier d'ailleurs ! Nous avons mangé à Page, dans un restaurant à l'ambiance typique américaine. On aurait dit une grande cantine avec de la musique country où les gens dansaient devant la scène. Mon père a tellemment adoré qu'on y est retourné le lendemain. Ma sœur a d'ailleurs été reconnue dans ce lieu, c'est drôle, si loin de la France !

À Page, nous avons pris une jeep pour visité deux endroits magnifiques. Le premier, Antelope Canyon, un canyon célèbre situé dans le nord de l'Arizona. Il est célèbre pour ses parois rocheuses ondulantes et ses formations rocheuses spectaculaires.

C'est un couloir assez étroit causé par l'érosion de l'eau, les couleurs et les formes sont à couper le souffle. La nature crée des choses surprenantes et magnifiques !

Avec ma sœur, nous étions toujours les derniers à essayer de prendre nos meilleures photos dans ce lieu juste magnifique. On peut dire que nous étions les mauvaises élèves de la visite. Heureusement, mon frère Bradley, qui comprend bien l'anglais, écoutait ce que disait le guide et nous expliquait ensuite ce qu'il avait dit sur l'histoire de ce lieu.

Nous sommes ensuite partis avec le même guide à Horseshoe Bend, un endroit surprenant en forme de fer à cheval. Nous étions sur une falaise qui culmine à 300 mètres au-dessus de la rivière du Colorado.

C'était époustouflant, on avait l'impression que la rivière était toute petite. J'ai à peine pu repérer un bateau avec des personnes vraiment minuscules. J'ai adoré cet endroit, j'adore le vide et la hauteur !

Nous reprenons la route pour Monument Valley. Là encore, c'est un lieu magnifique, mais on ne s'en rend pas tout de suite compte !

C'est en prenant un guide local, qui vivait d'ailleurs au milieu de cette immensité, que l'on découvre l'histoire et les lieux juste magiques. Le guide était un homme super gentil et rigolo qui nous a mis dans l'ambiance en nous disant de nous allonger à des endroits spécifiques, et nous a joué des morceaux de "flûte" qui résonnaient de manière très apaisante. Vraiment des moments unique en famille!

Puis le lendemain, nous avons fait une balade à cheval toujours au milieu de l'immensité de Monument Valley avant de prendre la route pour le Grand Canyon, un lieu tellement gigantesque que son immensité restera gravée à jamais.

Nous avons commencé à descendre sur une randonnée qu'il est conseillé de faire en minimum deux jours, avec des panneaux d'avertissement car la randonnée est très difficile, en vue du dénivelé de 1146 mètres pour une randonnée de 9 km jusqu'au Plateau Point Trail.

Évidemment, nous ne sommes pas allés jusqu'au bout, on est descendu sur 2 km avant de remonter. Ma sœur était au bout de sa vie et a commencé à faire un malaise vagal avant de se reprendre.

Je crois bien qu'elle ne retournera jamais faire cette randonnée jusqu'au bout. Quant à moi, j'adorerais un jour y retourner pour tenter l'aventure. Ça doit être incroyable de se retrouver au fin fond du Grand Canyon.

Le lendemain, nous sommes repartis en direction de Las Vegas où nous avons passé notre dernière journée. Las Vegas, c'est quand même quelque chose, avec des décors représentant des lieux célèbres comme Paris avec sa tour Eiffel, New York avec la statue de la liberté, le spectacle des fontaines, toutes ces couleurs partout, etc.

Et dire qu'on a fait la queue pendant plus d'une heure pour pouvoir prendre des photos devant le fameux panneau "Welcome to Fabulous Las Vegas" !

C'était un voyage extraordinaire et je remercie ma sœur du fond du cœur pour ce road trip juste incroyable. Que de merveilleux souvenirs ! J'aime tellement ma famille, ces moments seront marqués à vie. Vous pouvez retrouver les photos et les merveilleux moments que nous avons vécus sur mon compte Instagram : Logan_thivenin.

J'ai adoré vous raconter notre road trip en famille, qui me permet de revivre mes souvenirs incroyables de ce voyage. Nous avons vécu des moments inoubliables que je chérirai pour toujours. Nous avons traversé des paysages naturels à couper le souffle.

Ce voyage m'a donné l'envie de continuer à explorer le monde et de découvrir encore plus de merveilles cachées. J'aimerais beaucoup visiter Bali, célèbre pour ses plages de sable fin et ses eaux cristallines, mais surtout pour le côté plus sauvage de la nature, l'Islande, avec ses glaciers majestueux et ses aurores boréales, le Népal, où se trouve l 'Everest, la plus haute montagne du monde, et Iriomote, une île tropicale préservée aux paysages magnifiques

J'ai hâte de planifier mon prochain voyage et de découvrir encore plus de merveilles dans le monde entier.

Je termine donc ce chapitre en ne citant pas d'autres avantages car ils ne sont pas liés à la carrière dans la télévision, mais plutôt à sa personnalité, sa manière d'être et son cœur gigantesque.

J'aimerais conclure en disant que j'ai beaucoup de chance d'avoir une sœur bienveillante, aimante et gentille comme la mienne, et je souhaite à tout le monde de vivre cette expérience exceptionnelle d'avoir un tel lien familial. La vie est plus belle quand on peut partager des moments inoubliables avec ceux qu'on aime.

chapitre 8 :
Des moments tous ensemble

Chaque été, ma sœur Thibault et leurs deux adorables enfants reviennent pour profiter de l'été en France. C'est une période géniale où l'on se retrouve tous ensemble, ma famille et la famille de Thibault réunies.

Une chance que nos deux familles s'entendent à merveille. Pendant cette période estivale, nous passons la plupart de notre temps dehors à jouer avec les enfants qui sont toujours en quête de découvertes. Cela nous fait un peu retomber en enfance, nous redevenons un peu "gaga" et c'est tellement amusant. Partager ces moments uniques est vraiment quelque chose de spécial, et cela nous rapproche encore plus en tant que famille.

Nous voyons les parents tellement heureux de jouer avec leurs petits-enfants, et cela nous rappelle à tous l'importance de la famille et des moments passés ensemble.
Nous sommes tellement reconnaissants pour ces précieux souvenirs que nous créons chaque été.

Nous sommes actuellement en juillet lorsque j'écris ces lignes, en plein dans cette période. Je passe mon temps à jouer avec Maylone les après-midi, à la piscine, à cache-cache, au ballon, bref que des super moments ! L'été n'est pas fini et nous avons hâte que l'été prochain arrive pour que nous puissions recommencer cette "tradition" familiale.

Ce sont des moments de partage et de bonne humeur qui resteront gravés dans nos mémoires. En plus des jeux et des découvertes avec les enfants, nous passons des journées à flâner autour de la piscine, à organiser des barbecues, des parties de pétanque, etc.

Le soir, quand les enfants sont couchés, nous prenons du temps pour nous et jouons aux jeux de société autour d'un petit apéro, avec des fous rires garantis. Ces moments conviviaux nous permettent de renforcer les liens entre les membres des deux familles.
Leur maison en France est bien plus qu'un simple lieu de vacances, c'est un peu la maison du bonheur où tout le monde va et vient. C'est un véritable havre de paix où règne la joie de vivre et la bonne humeur.

Récemment, pour célébrer les 70 ans de mon père, ma sœur et Thibault ont organisé une fête surprise mémmorable. Nous avons contacté ses amis de chantier ainsi que des membres de la famille qu'il n'avait pas vus depuis longtemps pour qu'ils soient présents pour cette occasion spéciale. Nous avons tout fait pour que cette journée soit vraiment inoubliable pour lui.

Le jour J, nous avons tous attendu en silence, en souriant et en étant très excités à l'idée de sa réaction. Lorsqu'il est arrivé, nous avons tous crié "Joyeux anniversaire !" il a été pris de court en découvrant chaque personne présente, avec beaucoup d'émotion et les larmes aux yeux.

Nous avons immortalisé chaque moment de cette journée avec de nombreuses photos et vidéos pour nous rappeler de cette occasion spéciale pour les années à venir.

Après la surprise, nous avions partagé un apéritif tous ensemble pour échanger et rattraper le temps perdu. La paella conviviale que nous avons partagée ensuite était délicieuse, et nous avons tous apprécié ce moment de convivialité. Nous avons également profité de la piscine pour nous rafraîchir et nous amuser tous ensemble. Cette journée a été incroyable et mémorable, nous avons tous resserré les liens qui s'étaient un peu distendus au fil des années.

C'était vraiment génial de passer du temps tous ensemble et de créer de nouveaux souvenirs en famille. Nous avons tous adoré cette journée et nous en parlerons encore pendant longtemps.

Quand vient le temps pour ma sœur Thibault, Maylone et Leewane de rentrer chez eux à Dubaï, les départs sont toujours difficiles.

Bien que nous sachions que nous allons nous revoir et que nous restons en contact grâce aux réseaux et à notre groupe WhatsApp où nous échangeons régulièrement, nous avons toujours du mal à nous dire au revoir après avoir passé plusieurs semaines ensemble. C'est à ce moment que nos émotions prennent le dessus et nous laissent une sensation de vide.

Cependant, nous gardons en mémoire les moments inoubliables que nous avons partagés ensemble, les moments de rires, de partage, de complicité et de joie. Les dîners en famille, les soirées jeux de société, les journées piscine avec les enfants, et bien plus encore.

Tout cela nous donne encore plus envie de nous revoir rapidement pour revivre ces moments inoubliables ensemble.

Ensuite vient la période de l'hiver, durant laquelle ils reviennent en principe en France pour célébrer les fêtes de fin d'année. Nous nous réunissons tous de nouveau avec joie et bonne humeur.

La période de Noël est devenue encore plus magique avec l'arrivée des enfants, qui attendent avec impatience l'arrivée du Père Noël. La veille de Noël au soir reste surtout un moment pour les adultes, où nous faisons la fête autour d'un apéro et d'un repas, à discuter et rigoler avant de nous offrir nos cadeaux.

Le plus dur maintenant, c'est de se lever en forme le lendemain matin pour ne pas rater la magie de Noël dans les yeux des enfants ! Les moments où ils se lèvent et découvrent les nombreux cadeaux que le Père Noël a laissé sous le sapin sont tout simplement magnifiques et remplis de joie et d'excitation.

Nous célébrons généralement le jour de l'an en famille. Cela peut sembler étrange car beaucoup de personnes le fêtent entre amis, mais quoi de plus important que de commencer la nouvelle année entouré de notre famille ? Ne sont-elles pas les personnes les plus importantes ?
La famille est un pilier central de nos vies. Elle nous soutient, nous guide et nous aime inconditionnelle-

ment. Il est donc tout à fait normal de vouloir célébrer le passage à une nouvelle année en sa compagnie.

Puis on recommence l'année en nous disant à nouveau au revoir avant de se retrouver cet été. C'est ainsi que se déroulent nos années et nos moments en famille. Nous ne pouvons qu'être super heureux et reconnaissants de passer tous ces moments ensemble, et nous profitons à fond de chaque instant passé ensemble.

Je conclus ce chapitre en disant merci, merci à ma famille d'être ce qu'ils sont, merci à la famille de Thibault d'être comme ils sont, et merci à la vie de nous permettre de passer tous ces moments merveilleux ensemble.

chapitre 9 : Conclusion

En conclusion, je vais simplement vous donner ma vision de la vie, qui n'a pas grand-chose à voir avec tout ce que j'ai pu vous dévoiler jusqu'ici. Cependant, j'ai quand même envie de partager avec vous ce que représente pour moi la vie.

Pour moi, nous sommes ici sur Terre pour quelques secondes, alors que les plus anciennes traces de vie sur Terre remontent à près de 3,8 milliards d'années. Notre espérance de vie est donc ridicule à côté de cela. Je pense qu'il faut simplement vivre l'instant présent, profiter de la vie, de la famille et suivre son train de vie sans se prendre la tête.

Je suis du genre à ne jamais m'énerver, car quand on s'énerve, c'est pour quelque chose qui vient de se passer, et pour lequel on ne peut donc plus rien faire. Râler ou s'énerver ne résoudra pas ce qui vient de se passer. J'essaie aussi de ne jamais juger les gens, car on ne sait pas qui ils sont, ce qu'ils ont vécu, et puis ils sont aussi là pour quelques secondes.

La vie est comme un train, vous vous arrêtez à une gare, des gens montent, font un bout de trajet avec vous, puis descendent à la gare suivante.

Généralement, les seules personnes qui restent avec vous dans le train sont votre famille et la personne avec qui vous partagez votre vie. Cependant, avec l'avènement des réseaux sociaux, les gens sont devenus plus instables et préfèrent souvent changer de partenaire plutôt que de réparer leur couple.

Cela peut conduire à un nombre impressionnant de parents qui se séparent, ce qui peut être difficile pour les enfants et avoir des conséquences négatives sur leur développement.

Malgré cela, chacun est libre de mener sa vie comme il l'entend et il n'est pas judicieux de juger les choix des autres. Il est important de garder à l'esprit que la vie est pleine de hauts et de bas, et que les choix que nous faisons peuvent avoir des conséquences durables sur notre vie et celle de nos proches.

Il est donc essentiel de prendre le temps de réfléchir à nos choix et de faire des choix éclairés qui correspondent à nos valeurs et à nos aspirations.

Si l'on y réfléchit de plus près, nous voudrions tous garder notre âme d'enfant tout en assumant nos responsabilités d'adultes. Les enfants ont une capacité à vivre l'instant présent de manière pure et simple qui peut nous faire envie. Ils ne se posent pas de questions sur l'avenir, ne se soucient pas du regard des autres et n'ont pas honte de leurs émotions. Ils sont simplement là, dans le moment présent, instant après instant.

Cette capacité à vivre l'instant présent peut nous sembler difficile à atteindre en tant qu'adultes, mais il est possible de s'en approcher en pratiquant la méditation, en se concentrant sur les sensations du corps et en apprenant à lâcher prise sur les pensées qui nous envahissent. En gardant cette capacité à vivre l'instant présent, nous pouvons profiter pleinement de la vie et de toutes les expériences qu'elle a à nous offrir.

Aujourd'hui, je parviens à me rapprocher de cette plénitude lorsque je pratique ce qui me passionne actuellement : le trekking. Le trekking est une forme de randonnée qui implique des voyages de plusieurs jours à travers des zones rurales souvent accidentées. C'est une activité populaire pour ceux qui aiment les activités en plein air et qui veulent explorer les paysages naturels à pied. Les treks peuvent aller de simples promenades à des expéditions difficiles qui nécessitent des guides expérimentés et un équipement spécialisé.

Le but du trekking est souvent d'atteindre une destination éloignée, telle qu'un sommet de montagne ou un village éloigné, et de découvrir la beauté naturelle.

Je pars régulièrement pour quelques jours dans les montagnes pour gravir et redescendre plusieurs sommets en compagnie de mon chien et de mon sac à dos contenant le nécessaire pour vivre quelques jours, une tente, une popote, de quoi manger, etc.

Le seul objectif étant de marcher et de contempler la beauté de la nature qui nous entoure, mon esprit se libère complètement de tous les soucis et les tracas que le mental peut nous infliger. Je profite alors seulement du moment présent, même si évidemment ce n'est pas toujours facile. Je garde toujours la motivation en me rappelant que j'ai de la chance de pouvoir marcher, de pouvoir voir, ressentir, toucher, etc. Je croise énormément de gens super gentils qui sont dans le même délire que moi, la randonnée ou le trekking.

Nous prenons quelques minutes pour échanger, discuter de nos parcours, d'où l'on vient, où on va, etc., avant de reprendre notre chemin en sachant que ces rencontres sont purement éphémères.

J'aimerais m'offrir un van ou plutôt un fourgon aménagé dans les prochains mois, avec un grand confort, c'est-à-dire une douche et des toilettes. Cela me permettrait de vadrouiller et de découvrir les lieux magnifiques que la nature a créés, d'abord en France car il y a beaucoup à voir, puis pourquoi pas à la découverte de l'Europe.

J'aime beaucoup l'idée de liberté qu'un fourgon aménagé peut nous offrir : changer d'endroit quand on le souhaite, rester une journée à la cool ou alors visiter des lieux, ou encore partir sur deux jours en trek avant de revenir au camion pour changer de destination. N'est-ce pas ça vivre ?

En y réfléchissant davantage, je me rends compte que j'ai hérité de nombreux traits de personnalité de ma mère, qui est une personne très calme. J'ai également récemment appris que le jour de mon anniversaire (le 8 avril) est un jour important au Japon, en Corée du Sud, au Vietnam, etc., car c'est l'anniversaire du Bouddha. J'aimerais en tirer toute sa sagesse.

Si je devais donner mon avis sur l'existence aujourd'hui, je partirais du constat que l'illusion a dépassé la réalité.

Nous avons développé une société de consommation qui nous a rendues dépendante de l'argent, une invention humaine destinée à échanger des biens et des services. Cependant, sa valeur ne réside que dans la confiance que nous avions en lui.

Nous sommes tellement habitués à choisir des choses futiles que nous oublions la vraie valeur de la vie, celle qui ne s'achète pas avec de l'argent. Nous devrions plutôt nous concentrer sur les relations humaines, la nature et les expériences significatives qui donnent un sens à notre vie.

En fin de compte, nous devons nous rappeler que notre existence ne se résume pas à l'accumulation de richesses matérielles, mais plutôt à la qualité de notre vie et à la façon dont nous contribuons au monde qui nous entoure.

Nous devrions être extrêmement heureux et reconnaissants pour les choses les plus simples, comme le fait de pouvoir obtenir de l'eau en un simple mouvement de poignet grâce au robinet.

Imaginez que nous déféquons dans de l'eau potable alors que dans certains pays, les gens doivent parcourir des kilomètres à pied pour se procurer de l'eau juste pour pouvoir vivre. Et ces personnes sont probablement plus heureuses que la plupart d'entre nous.

Nous devrions être tellement heureux de pouvoir marcher avec des chaussures aux pieds, alors que dans certains pays, les gens se déplacent pieds nus. Il y a une citation que j'ai lue il n'y a pas si longtemps qui disait : "Si tu marches dans une merde de chien, sois reconnaissant de porter des chaussures." Je trouve cela tellement vrai.
Nous avons oublié les fondamentaux de la vie en nous concentrant sur des critères de vie erronés.

Il n'y a pas de recette magique pour réussir sa vie, mais je crois que si l'on suit son cœur, si l'on fait ce que l'on aime et si l'on est entouré de personnes positives qui nous soutiennent, on a toutes les chances de trouver le bonheur.

Alors, n'hésitez pas à prendre des risques, à sortir de votre zone de confort, à voyager, à rencontrer de nouvelles personnes, à essayer de nouvelles choses. La vie est courte, il faut en profiter au maximum !

Je suis reconnaissant pour ma famille, mes amis et toutes les personnes qui m'entourent, car ce sont elles qui me soutiennent et me permettent de trouver mon chemin et de suivre ma voie. Je suis également reconnaissant pour les expériences de vie que j'aie eues jusqu'à présent, car elles m'ont permis de grandir et de devenir la personne que je suis aujourd'hui.

Je souhaite à tous de trouver leur propre chemin, de réaliser leurs rêves et de vivre pleinement chaque instant. La vie est un cadeau précieux, il faut en prendre soin et en profiter à chaque instant. Merci de m'avoir suivi dans cette aventure, de m'avoir écouté et de m'avoir permis de partager mes expériences et mes réflexions avec vous. La vie est belle, vivez-la à fond !

Printed by Amazon Italia Logistica S.r.l.
Torrazza Piemonte (TO), Italy

52906574R00067